जुगनू

(हाइकु संग्रह)

डॉ. रंजना वर्मा

 pencil

जुगनू

ISBN 978-93-5458-534-0

© डॉ. रंजना वर्मा 2021

Published in India 2021 by Pencil

A brand of
One Point Six Technologies Pvt. Ltd.
123, Building J2, Shram Seva Premises,
Wadala Truck Terminal, Wadala (E)
Mumbai 400037, Maharashtra, INDIA
E connect@thepencilapp.com
W www.thepencilapp.com

All rights reserved worldwide

No part of this publication may be reproduced, stored in or introduced into a retrieval system, or transmitted, in any form, or by any means (electronic, mechanical, photocopying, recording or otherwise), without the prior written permission of the Publisher. Any person who commits an unauthorized act in relation to this publication can be liable to criminal prosecution and civil claims for damages.

DISCLAIMER: *The opinions expressed in this book are those of the authors and do not purport to reflect the views of the Publisher.*

Author biography

नाम -

डॉ. रंजना वर्मा

पति - स्मृतिशेष श्री राजेन्द्र प्रकाश वर्मा , लब्धप्रतिष्ठ हास्य व्यंगकार व पत्रकार ।

जन्म -

15 जनवरी 1952, जौनपुर (उ0 प्र0) में ।

शिक्षा-

एम. ए. (संस्कृत, प्राचीन इतिहास) पी0 एच0 डी0 (संस्कृत)

लेखन एवम् प्रकाशन -

वर्ष 1967 से देश की लब्ध प्रतिष्ठ पत्र पत्रिकाओं में, हिंदी की लगभग सभी विधाओं में । कुछ रचनाएँ उर्दू में भी प्रकाशित ।

प्रकाशित कृतियाँ -

एक महाकाव्य, नौ खण्डकाव्य, चौदह ग़ज़ल संग्रह, चार गीतिका संग्रह, छै गीत संग्रह, एक कुण्डलिया संग्रह, तीन कहानी संग्रह, पाँच उपन्यास । बाल साहित्य तथा अन्य काव्य कृतियाँ ।

सम्पादन -

चार कविता संग्रह, एक गीत संग्रह, एक स्मृति ग्रन्थ, एक हास्य व्यंग्य कविताओं का संग्रह, दो हास्य व्यंग्य संग्रह।

प्रसारण -

गीत, वार्ता, तथा कहानियों का आकाशवाणी, फैज़ाबाद से समय समय पर प्रसारण ।

सम्मान -

श्रीमती राजकिशोरी मिश्र सम्मान, श्रीमती सुभद्रा कुमारी चौहान स्मृति सम्मान, काव्यालंकार मानद उपाधि, छन्द-श्री सम्मान, कुंडलिनी गौरव सम्मान, ग़ज़ल-सम्राट सम्मान, श्रेष्ठ रचनाकार सम्मान, मुक्तक-गौरव सम्मान, दोहा शिरोमणि सम्मान, सिंहावलोकनी मुक्तक-भूषण सम्मान, दोहा-मणि सम्मान।

सम्प्रति -

सेवा निवृत्त प्रधानाचार्या(रा0 बा0 इ0 कालेज जलालपुर, जिला अम्बेडकरनगर उ0 प्र0) से।

सम्पर्क सूत्र - ranjana.vermadr@gmail.com

जुगनू

CONTENTS

3

अनुक्रम

हाइकु विधान

विधान :-

यह एक जापानी काव्य विधा है ।

इसमें कुल 17 वर्ण होते हैं । पहली

तथा तीसरी पंक्ति में पांच एवं दूसरी

पंक्ति में 7 वर्ण रखने का नियम है ।

हाइकु में क्रमशः तीन पंक्तियाँ होती है

जिनमें क्रमानुसार 5, 7, 5 वर्ण होते ।

यह स्वयं में एक सम्पूर्ण कविता है ।

इनमें प्रकृति वर्णन की प्रमुखता रहती है

तथापि अन्य नवीन प्रयोग भी उपलब्ध होते हैं ।

- डॉ. रंजना वर्मा

गणेश

गण नायक
विघ्नहर्ता गणेश
शुभ कारक ।

गणों के स्वामी
विघ्न विनाशकर्ता
जग के भर्ता ।

सपरिवार
गणेश दरबार
जगपालक ।

सुख सम्पति
रिद्धि सिद्धि के पति
कल्याणकारी ।

हे विनायक
लाभ शुभ दायक
हो सहायक ।

गण नायक
कल्याण विधायक
शुभदायक ।

गजवदन
शुभ लाभ सदन
विघ्न हरण ।

शुभ चरित्र
हे परम पवित्र
रूप विचित्र ।

हे गजमुख
देते रहना सुख
भक्तजनों को ।

कृपा तुम्हारी
सुख शांति दायक
बाधा नाशक ।

शिव सम्भूत
शुभ लाभ जनक
उमा सपूत ।

सुनो गणेश
बाधाएं दूर कर
हरो कलेश ।

बुद्धि प्रदाता
सभी वेदों के ज्ञाता
भाग्य विधाता ।

शिव

शत्रु विनाश
करो प्रलयंकर
शिव शंकर ।

दे शिव नाम
इच्छित परिणाम
रहो निष्काम ।

शिव निवास
अतिशय पवित्र
गिरि कैलाश ।

शिव के रूप
द्वादश ज्योतिर्लिंग
श्रद्धा के स्रोत ।

कष्ट विहाय

सुख शांति प्रदाय
नमः शिवाय ।

शिव विहार
हिमालय की भूमि
हुई पवित्र ।

हे नटराज
बढ़ा आतंकी आज
करो निर्व्याज ।

सावन

घिरीं घटायें

श्याम हुआ अम्बर

आया सावन ।

सावन आया

धरती सरसाई

प्यास बुझायी ।

सखियाँ साथ

मेंहदी लगे हाथ

सावन ऋतु ।

आम की डाल

झूलन की बहार

झूलती गोरी ।

चढ़ी हिंडोले

छूने लगा आकाश
गोरी का मन ।

हिना के रंग
हरी चूड़ियों संग
झूला झूलते ।

पेंग बढ़ाते
शरमाया मुखड़ा
पिया झुलाते ।

मैके की याद
पूरे बरस बाद
झूलती झूला ।

बनी सहेली
हिना रची हथेली
पड़ा हिंडोला ।

भावना झूला
झूल रहा है मन

यहाँ से वहाँ ।

सावन मास
सदा शिव पूजन
मुक्ति का पथ ।

झूला झूलतीं
मायके में सखियाँ
मैं पी के घर ।

घिरी घटायें
बिजली धमकाये
जल्दी बरस ।

भरे नयन
भीगता रहा मन
बिन सावन ।

वर्षा

पानी बरसा
प्रियतम न आये
मन तरसा ।

अब्रे बहार
इतना तो बरस
कि वो न जाये ।

घिरे बादल
होती है बरसात
दिन औ रात ।

बाढ़

बरखा रानी

गगरी ढलकाती

ले आयी बाढ़ ।

जलप्लावन

बहुत भयावन

प्राणसंकट ।

पानी ही पानी

करता मनमानी

आयी तबाही ।

धूप और छाया

तपती धूप
ढूंढ़ रही आसरा
व्याकुल छाँव ।

दुबकी छाँव
धूप से तप कर
वृक्षो के तले ।

धूप सताती
पसीने की बूँदों को
छाँव मिटाती ।

धूप औ छाया
साथ न रह पातीं
दोनों बहनें ।

धूप का दर्द

देह से पिघलता
पी लेती छाया ।

अजब माया
सब को भरमाया
धूप औ छाया ।

निखरा रूप
भगा रही छाया को
गर्मी की धूप ।

पर्वत

नभ छूने का
असफल प्रयास
करता गिरि ।

ऊंचे पर्वत
धरती का गौरव
सम्माननीय ।

ऊँचे पर्वत
भू के उरोज सम
जीवनदायी ।

बाँह पसारे
पर्वत श्रृंखलाएं
हमें पुकारें ।

गिरि पर्वत

आक्सीजन भंडार
संघर्षरत ।

नित्य बहाते
अमृतमय धारा
सरि जनक ।

होली

बरस बाद
फिर आ गयी होली
रंगों की झोली ।

देवर हाथ
रंगों की पिचकारी
भिगोई साड़ी ।

रंग गुलाल
इस तरह डाल
मिटे मलाल ।

जलाएं होली
द्वेष वैमनस्य की
प्यार जगाएं ।

भुलाये वैर

मिलें दिल से दिल
होली के दिन ।

प्यार के रंग
दिल लगा के खेलो
पड़ें न फीके ।

रंगों का पर्व
मिलन का त्यौहार
करिये गर्व ।

होली की अग्नि
करे भस्म विषमता
लाये समता ।

शिव की बूटी
भुला देती संसार
मस्त फागुन ।

बढ़ाती मस्ती
चलती फगुनहट

उड़े गुलाल ।

ब्रज की गली
वृषभानु की लली
खेलती फाग ।

लगाते रंग
अनुपम उमंग
श्याम के संग ।

नारी

शक्ति स्वरूपा
नारी ही नारायणी
करुणा मूर्ति ।

माता भगिनी
प्रिया सहधर्मिणी
नारी के रूप ।

मातृस्वरूपा
सदैव वन्दनीया
सभी नारियाँ ।

कुल वर्धिनी
नारी सुखदायिनी
शक्ति रूपिणी ।

पक्षी

प्रसन्न पक्षी
तिनकों को उठाये
बुनें घोंसला ।

मिल ही गया
पंछियों को आसरा
तिनका मिला ।

नन्हे पंछी ने
कर लिया निर्मित
अपना नीड़ ।

जरा ठहर
अन्न जल तिनका
ले जा गौरैया ।

बाल मजदूर

भूला खिलौने
बच्चा बना श्रमिक
प्लेट धो रहा ।

भूख सताये
करता मजदूरी
बेबस बच्चा ।

बारह खड़ी
धूल में उकेरता
श्रमिक पुत्र ।

मासूम कंधे
ढो रहे परिवार
करे कमाई ।

राम

उठा सवाल

कब तक बवाल

राम बेहाल ।

राम नवमी

राम जन्म दिवस

राम अकेले ।

क्यों विवादित

राम की जन्मभूमि

ग्रन्थ प्रमाण ।

हिन्द देश मे

पुरुषोत्तम राम

ईश सदृश ।

शोभा के धाम

पुकारें भक्त जन
जय श्रीराम ।

राखी

रक्षा का बन्ध

पावन अनुबंध

सदा अमर ।

राखी का तार

मीठी सी मनुहार

करे बहन ।

रक्षा करना

कह रही बहना

करे विनय ।

सुनो भइया

बचा कर रखना

भगिनी - मान ।

स्नेहिल बन्ध

करे नित प्रबन्ध
रक्षा सम्बन्ध ।

उदास भाई
बहन नहीं पाई
सूनी कलाई ।

छोड़ के मान
भेज दी राखी, पान
पाया सम्मान ।

नहीं है भाई
जैसा था वो कन्हाई
द्रौपदी हित ।

राखी के तार
स्नेह पाये विस्तार
बढाये प्यार ।

राखी की डोर
अनुपम है बन्धन

पवित्र रिश्ता ।

दूर बहना
भाई को इंतज़ार
राखी आने का ।

तिरंगा

यह तिरंगा
कर ही देगा नङ्गा
शत्रु पक्ष को ।

तीन ही रंग
श्वेत हरा केसरी
चक्र संयुत ।

सदा फहरे
यह प्यारा तिरंगा
देश गौरव ।

देश प्रहरी
उठा कर तिरंगा
चलें सेनाएँ।

प्यारा तिरंगा

फहरता ही रहे
यूँ ही सदैव ।

कितना देखूँ
हत्या फ़साद दंगा
पूछे तिरंगा ।

फहरा रहे
यत्र तत्र सर्वत्र
प्रिय तिरंगा ।

देश महान
बढ़ा रहा है शान
प्यारा निशान ।

उड़ा तिरंगा
प्लास्टिक का बनाया
गया कूड़े में ।

नन्हा बालक
चुन चुन उठाये
धरा से झण्डा ।

करो सम्मान
सँभाल के रखना
प्यारा निशान ।

नभ में उड़े
दिल दिल से जुड़े
झंडा न मुड़े ।

युद्ध

मन भावों का
युद्ध अनवरत
कभी न रुके ।

युद्ध सदैव
है अकल्याणकारी
विनाशकारी ।

न करे युद्ध
प्रकृति के विरुद्ध
चाहे कल्याण ।

उड़ें कपोत
शांति के प्रचारक
हर दिशा में ।

होती अशान्ति

पीड़ा की प्रदायिका
न श्लाघनीय ।

न बहे रक्त
अब किसी जीव का
शांति प्रसार ।

करते रहो
अहिंसा का प्रचार
युद्ध विरुद्ध ।

उम्मीद

एक उम्मीद
आकाश में उड़ान
काश पूरी हो ।

आँसू के मोल
बिक रहीं उम्मीदें
दिल दूकान ।

जगी उम्मीद
सुखद भविष्य की
सपनों ही में ।

जगाते आशा
सुनहरे सपने
नित्य नवीन ।

महत्वपूर्ण

सकारात्मक सोच
नयी उम्मीद ।

स्वतन्त्रता

हुए आजाद
स्वतंत्रता दिवस
मनाते आज ।

वीर सैनिक
करते न्यौछावर
अपने प्राण ।

गर्वित हम
देशभक्ति भाव का
करें प्रसार ।

स्वर्ग से प्यारी
जननी जन्मभूमि
जग से न्यारी ।

करें अर्पित

तन मन जीवन
देश के हित ।

गणतन्त्र

प्रजा का तंत्र
मनाता गणतंत्र
एक ही दिन ।

कभी तो होगा
सुखद गणतंत्र
हृदयासीन ।

शिक्षक

करे कल्याण
गुरु की चरण रज
है संरक्षक ।

गुरु दिखाता
ईश्वर प्राप्ति पथ
मुक्ति का मार्ग ।

सदा दयालु
गुरु का अवलम्ब
मत छोड़ना ।

जिस गुरु ने
ईश्वर से मिलाया
उसे नमन ।

सदा विराजो

मन के मंदिर में
हे गुरुदेव ।

शिक्षक मन
करता समर्पण
शिष्य के हित ।

ज्ञान पिपासा
गुरु ज्ञान का कूप
शिष्य सन्तुष्ट ।

शिष्य विनत
गुरु के चरणों में
श्रद्धा सहित ।

जग में शिक्षा
है अमूल्य सम्पदा
करें ग्रहण ।

सदैव पूज्य
देते हैं शिक्षा दान
मिटा अज्ञान ।

गुरु का कुल
शिष्यों का ही संकुल
संरक्षणीय ।

शिक्षा संकल्प
नहीं अन्य विकल्प
प्रयास स्वल्प ।

करें प्रसार
समाज का आधार
शिक्षा संचार ।

कलाकार

ये कलाकार
उकेर रहा चित्र
रेतीला तट ।

आयी लहर
बहा कर ले गयी
समस्त श्रम ।

सिन्धु के तट
बनती कलाकृति
क्षण भंगुर ।

बनाने लगी
उँगली की तूलिका
अनोखे चित्र ।

हिंदी

हमारी हिंदी
भारत के मस्तक
प्यारी सी बिंदी ।

हिंदी में लिखें
अच्छी तरह होगा
भाषा सम्मान ।

हिंदी उत्थान
सबको ही अभीष्ट
करें प्रयत्न ।

चाँद

पूनो का चाँद
घूँघट के पीछे से
झाँकने लगा ।

शिव मस्तक
शोभित अर्द्ध चन्द्र
शोभा अनूप ।

शरद ऋतु
पूर्णिमा का चन्द्रमा
अवर्णनीय ।

झाँकता चाँद
बादलों के पीछे से
होते ही रात ।

खिला चन्द्रमा

दूधिया चाँदनी में
भीगती धरा ।

लटका चाँद
क्षितिज छोर पर
हँसिया जैसा ।

बादल ओट
छिपकर झाँकता
चंचल चाँद ।

यमुना तीरे
हँसता हुआ चाँद
कृष्ण का रास ।

पृथ्वी

पृथु की पुत्री
अन्न जल की दात्री
प्यारी धरित्री ।

यह धरती
धारण है करती
चर अचर ।

है पूजनीया
जन्मदात्री के सम
हमारी पृथ्वी ।

सदा जन्माती
मिलती भू की गोद
मृत्यु के बाद ।

नमन तुम्हे

प्यारी धरती माता
करो कल्याण ।

माँ जगदम्बे

हे जगदम्बे

पधारो मेरे घर

करो कल्याण ।

पधारो माता

हे दुर्गति नाशिनी

हमारे देश ।

नित्य करिये

सुख का ही प्रसार

माँ जगदम्बा ।

जगज्जननी

सुखप्रद रजनी

ब्रहम चारिणी ।

शैल की सुता

श्वेत वस्त्र धारिणी
सुख कारिणी ।

विश्व प्रसिद्ध
हिमगिरि तनया
शक्ति स्वरूपा ।

नमन माता
शक्तिमय स्वरूप
शुभ की दाता ।

हे माता काली
तेरी छवि निराली
आँखों में लाली ।

हे जगदम्ब
करना न विलम्ब
करो कल्याण ।

शैल की पुत्री

शिव शंकर प्रिया
नमन तुम्हे ।

बेटी

माता की कोख
कुम्हार के आँवे सी
शिशु जन्माती ।

सुन री मैया
कोख में तो न मार
बेटी तुम्हारी ।

दे दो सत्वर
पुत्री को अवसर
आगे बढ़ेगी ।

ये ही बेटियाँ
रौशन करें नाम
विश्व भर में ।

मत रोकना

बेटियों के जन्म को
दे दो प्रश्रय ।

बेटी बनेगी
सर्वगुण सम्पन्न
नहीं विपन्न ।

करे तनया
बार बार पुकार
मुझे न मार ।

अंश तुम्हारा
बनूँगी मैं सहारा
आंख का तारा ।

रोती बिटिया
तड़पे अंतर्मन
विवश माता ।

नभ में उड़े
घर मन से जुड़े
दुलारी बेटी ।

नन्ही बिटिया

मइया के करीब

रहे हमेशा ।

मन निर्मल

बेटी है दृग जल

दुख का हल ।

साँवरे

श्याम साँवरे
तुम बिन गुजारीं
जागते रातें ।

यमुना तीरे
पूनम रजनी रे
बजे मंजीरे ।

यमुना तट
सूना सा पनघट
साँवरे बिना ।

चलीं गोपियाँ
शरद पूर्णिमा को
महारास में ।

सुनो कन्हैया

कहे यशोदा मैया
चरा ले गैया ।

नन्हा गोपाल
कर रहा रुदन
लगी नज़र ।

सुन कन्हैया
डगमग है नैया
देश बचा ले ।

सुन गोविंद
टेरे व्याकुल प्राण
अब तो आ जा ।

साँसें अटकीं
माखन की मटकी
फोड़ता कान्हा ।

श्याम सलोना
नँद यशोदा छौना
सबका प्यारा ।

जन्मा श्रीकृष्ण
हुआ कंस विनाश
सुख की आश ।

नयी सिखायी
प्रीति की परिभाषा
सत्व प्रधान ।

कहे कन्हैया
सदा पालना गैया
कल्याणप्रद ।

कृष्ण कन्हैया
चराता रहा गैया
दे कर मान ।

मोहन प्यारे
ये चरण तुम्हारे
जन्म सुधारे ।

बीच भँवर

डगमग है नैया
श्याम खिवैया ।

सुन साँवरे
ठहरी है जिंदगी
तुम्हारे बिन ।

भोली राधिका
करती इंतज़ार
साँवरिया का ।

ब्रज की भूमि
सिखाती इंतज़ार
प्रणयी भाषा ।

साँवरे बिन
नींद न आवै चैन
न कटे रैन ।

ब्रज नारियाँ
रहतीं अनमनी
रात चाँदनी ।

आ जा साँवरे
थक गये नयन
पंथ निहार ।

मिट्टी

मिट्टी भरती
प्राणियों में जीवन
माता धरती ।

देश की धूल
माथे लगा चन्दन
करें वन्दन ।

बनी चन्दन
चुटकी भर धूल
मातृभूमि की ।

देश की मिट्टी
प्यार से भरी चिट्ठी
माता ने लिखी ।

मिट्टी के पात्र

सदा होते पवित्र
ईको फ्रेंडली ।

सदा पूजिता
मिट्टी जीवनाधार
देती दुलार ।

बिना मृत्तिका
जीवन असम्भव
विविधवर्णी ।

पानी बरसा
नथुनों में समायी
माटी की गन्ध ।

अन्न उपजा
महक उठी माटी
हँसा किसान ।

पत्ते

नहीं ठिकाना
पत्ता हुआ पुराना
उड़ ही गया ।

नव पल्लव
नन्ही टहनियों पे
लालिमा लिये ।

हरित पत्र
यत्र तत्र सर्वत्र
नवीन सत्र ।

पर्ण विहीन
नंगी वृक्ष डालियाँ
लगतीं दीन ।

थरथरायीं

शज़र की पत्तियाँ
देख कुल्हाड़ी ।

नन्हीं पत्तियाँ
वृक्ष की उँगलियाँ
काँपती हुई ।

देते संकेत
ऋतु परिवर्तन
झरते पत्ते ।

हवा के साथ
रहतीं भटकती
सूखी पत्तियाँ ।

हरित पत्रों
कहता पतझर
दूर हो जाओ ।

वस्त्र बदलें
जीर्ण को छोड़ कर
विकल तरु ।

रंग बदले
हर पल मौसम
नित्य नवीन ।

साँझ

कर भी डालो
उठ के साँझबाती
विदा की बेला ।

शाम हो गयी
जिंदगी का झमेला
लीजे समेट ।

स्वप्नों का सौदा
करती है रजनी
साँझ खरीदे ।

सूर्य की सुता
धरती के आँगन
उतरी साँझ ।

माँ

माता की सृष्टि
सभी सन्तानों पर
समान दृष्टि ।

माता का प्यार
अद्भुत उपहार
जीवन हेतु ।

प्रथम गुरु
माता का मिला साथ
जीवन शुरू ।

माता की प्रीति
होती नहीं विभक्त
शत सुतों में ।

मात्र जननी

सन्तति का सम्बल
बने सदैव ।

करवाचौथ

रात की छाती
चीर कर निकला
चौथ का चाँद ।

झाँकने लगा
छलनी की ओट से
चन्द्र वदन ।

हे चौथ माता
माँग से निभा देना
सिंदूर रिश्ता ।

उगा चन्द्रमा
आशीष बरसाता
सुहाग पर ।

पिया का प्यार

सुहागिन सिंगार
माँग भरी हो ।

पिया के लिये
है करक चतुर्थी
व्रत पूजन ।

पति के लिये
माँगती वरदान
लम्बी उमर ।

जीवन भर
मिलता रहे प्यार
प्रियतम का ।

निकला चाँद
छलनी के पीछे से
पति दर्शन ।

दीपावली

दीपक जला
कोनों में अंधकार
दुबक गया ।

रौशन हुए
दीपावली के दिये
बाटें प्रकाश ।

जली लाइट
बुझने लगा दिया
रात उदास ।

काली ये रात
मिट गया अँधेरा
दीपक जला ।

सदा हारती

अंधकार की सेना
दीप रश्मि से ।

तम दानव
दीप से डर कर
कोने में छिपा ।

धरती माता
नभ से करे होड़
दीप जलाये ।

दीपों की माला
राम का स्वागत
दिल से करे ।

आयी दिवाली
फुलझड़ियों वाली
बरसे तारे ।

रिश्ता

रिश्तों की चाय
प्रेम की चीनी बिना
रहती फीकी ।

प्रेम किलोल
मधुभीने से बोल
रिश्ता अडोल ।

कैसे निभेगा
अनजाने से रिश्ता
चिंतित मन ।

ये नफरतें
बढ़ा देतीं फ़ासले
मिलने न दें ।

मिटें फ़ासले

अनमोल हैं रिश्ते
स्नेहिल डोर ।

गहरी जड़ें
प्रेम जल सिंचित
सघन रिश्ता ।

उठने लगी
आँगन में दीवार
रिश्ते खामोश ।

दीवार पार
भाई का परिवार
टूटता रिश्ता ।

पंकज

पंकज खिला
धरती है पंकिला
हुआ न गीला ।

कमल पुष्प
रहता असंपृक्त
कीच के बीच ।

नीर से जन्म
है नयनाभिराम
कंज सुमन ।

वीणा वादिनी
शारदा का आसन
शुभ्र उत्पल ।

ये अरविंद

सुन्दर उपमान
नैन मुख का ।

तुलसी

सदा तुलसी
रही हरि की प्रिया
उर शोभिता ।

नन्ही तुलसी
अति गरिमामयी
नहीं तुल सी

रहे हँसती
हृदय में बसती
विष्णु देव के ।

मातृ सदृश
है कल्याण विधात्री
देवी तुलसी ।

महिमा माने

विज्ञान भी बखाने
तुलसी गुण ।

झरना

रहे निर्झर
सदैव गतिशील
गिरि से गिरे ।

बहा झरना
लाता विमल नीर
प्यास बुझाता ।

निर्मल जल
बहता कल कल
पर्वत पुत्र ।

सहता चोट
लेकर शिला ओट
बहाता नीर ।

रहता रोता

बहता हुआ सोता
चुप न होता ।

हाइकु

लिखें हायकु
सुने हमसफ़र
रहें प्रसन्न ।

लिखें हायकु
आनन्द विधायक
सुखदायक ।

लिखें हाइकु
पांच सात पाँच की
तीन पँक्तियाँ ।

जापानी विधा
स्पष्ट भावाभिव्यक्ति
संक्षिप्त सृष्टि ।

भाव भण्डार

रहता है सँभाले
नन्हा हाइकु ।

देता आनन्द
सदा मनपसन्द
हायकू छंद ।

गणगौर

माँ गणगौर
थामो जीवन डोर
पतिदेव की ।

पधारी माता
करने को कल्याण
बरस बाद ।

पुलका गात्र
आ गया नवरात्र
चुन सुपात्र ।

कर वन्दन
माँ का अभिनन्दन
घिस चन्दन ।

लाल चुनरी

चढाये सुहागन
प्रीति गहरी ।

माता के द्वार
हो रही जै जै कार
बरसे प्यार ।

माँ गणगौर
ढूंढने लगीं ठौर
विराजीं पौर ।

यादें

तुम्हारे बिन
रसहीन जीवन
व्याकुल मन ।

याद आ गयी
शाम के ढलते ही
न जाने कैसे ।

मन का मीत
निभाता रहे प्रीत
बन संगीत ।

वक्त की चिट्ठी
खुशबुओं से भरी
यादें समेटे ।

यादों के पंछी

पंख फड़फड़ाते
मन बेचैन ।

तुम्हारी यादें
कर रहीं बेचैन
बौराया मन ।

याद तुम्हारी
सुरभित करती
जीवन वन ।

भोर

सुबह हुई
कलियाँ मुस्कुरायीं
स्वागत में ।

उगा सूरज
सुनहरे सपने
विदा हो गये ।

झाँकता रवि
धुन्ध की चादर से
रक्तिम भोर ।

प्रातः की बेला
अरुण आगमन
मिटा अँधेरा ।

झरती ओस

पुष्प पंखुरियों से
बिखरे मोती ।

भर उत्साह
त्याग दीजे बिस्तर
हुआ सवेरा ।

छोड़ न पाये
बादलों की रजाई
ठंडा सूरज ।

सुबह हुई
धुनता रश्मि रुई
रवि धुनिया ।

हुआ प्रकाश
सब के मन आस
करें विकास ।

रश्मि बालाएँ
लेने लगीं बलायें

जग शिशु की ।

किसे जगाना
करते हैं शयन
सारे ही स्वप्न ।

भोर किरन
चूमकर मुखड़ा
लगी जगाने ।

उगा सूरज
किरणों का भंडार
बिखेर गया ।

रश्मि समूह
नित्य रहे लुटाता
शुभ्र सूरज ।

सूरज उगा
फूलों पर चिपका
मोती टपका ।

रक्तिम सूर्य
बजाने लगा तूर्य
जागरण का ।

रश्मि चिड़िया
पेड़ की फुनगी पे
करे बसेरा ।

हो गयी भोर
घण्टा करता शोर
मंदिर ओर ।

हुआ सवेरा
सुने मंगलगान
पंछी गा रहे ।

ठंढ

शीत लहर
द्वार खटखटाती
हर किसी का ।

ओस से भीगी
पवन लिपटती
ठंढ बढ़ाती ।

फटी रजाई
छेदों भरा कम्बल
ठंढ बैरन ।

रात अँधेरी
ओढ़ कर कम्बल
करे प्रतीक्षा ।

ठंढा बिस्तर

कंपकंपाती रात
नींद न आये ।

बढ़ता शीत
ठिठुरती रजाई
शीतल तन ।

बड़े मंहगे
रजाई व कम्बल
जेब हलकी ।

शीत बढ़ातीं
ठंढी सरसराती
तेज हवाएँ ।

शरद ऋतु
साथ है लिये आती
ठंढ सौगात ।

जो हैं निर्धन
बढ़ती ठिठुरन
रोके अगन ।

बच्चे

बस्ते का बोझ
सँभाल रहे कन्धे
कठिन शिक्षा ।

प्लेट धो रहा
ढाबे की जूठन से
पेट भरता ।

मरता बच्चा
भोजनालय आगे
भूख कारण ।

नन्हा सा बच्चा
है अकल का कच्चा
लेकिन सच्चा ।

लाल सलोना

मइया दुलरावै
लगा डिठौना ।

कुंआ

है विडम्बना
अब कुंआ दिखता
कचरा भरा ।

पवित्र कुंआ
पूजन हेतु अब
नहीं मिलता ।

बिना कुँए के
सूना विवाहोत्सव
गीत उदास ।

जगी आशंका
कुंआ पूजन बिना
हो न अनिष्ट ।

मानस कूप

भक्ति जल से भरा
प्रशंसनीय ।

न परिहास
पनिहारिन बिना
कुंआ उदास ।

कैसे बचाये
संस्कृति धरोहर
सोचता कुंआ ।

आ इक बार
करता इंतज़ार
कुँए का प्यार ।

भूस्खलन

गिरी चट्टान
डगर अवरुद्ध
महा विपत्ति ।

भूमि स्खलन
पूरा का पूरा गांव
भू में समाया ।

धरती हिली
मोहलत न मिली
मरी बावली ।

मित्र

उत्तम मित्र
रिश्ता अति पवित्र
मन निभाता ।

सहज मित्र
अंतर्मन पवित्र
शुभ चरित्र ।

सच्चा जो मित्र
सुख दुख का साथी
शुभ सम्बन्ध ।

रात

पूनों का रात
चाँदनी की सौगात
लेकर आयी ।

रात चाँदनी
कानों में कह रही
अब सो जाओ ।

सुनिये बात
होने लगी है रात
चाँद सौगात ।

शीतल निशा
निस्तब्ध सब दिशा
शुभ हो रात्रि ।

तारे

सज्जित व्योम
सितारों की चमक
मन लुभाती ।

स्याह नभ में
चमकते सितारे
मोती सदृश ।

रात ने ओढ़ी
तारों वाली चूनर
जगमगायी ।

चाँद अकेला
रात लगाती मेला
चमके तारे ।

कितने प्यारे

चमकते सितारे
नील नभ में ।

नन्हे जुगनू
धरती के सितारे
मन लुभाते ।

ईद

ईद की भोर
नमाज़ियों का शोर
मस्जिद ओर ।

ईद मिलन
रोजेदारों का मन
खूब प्रसन्न ।

है इंतज़ार
ईद की सेवइयां
लायीं बहार ।

समय

लेता रहता

बेफिक्र करवट

समय नट ।

कब ठहरा

समय मुसाफ़िर

चलता जाता ।

वक़्त डायरी

अपना कलेवर

बदल रही ।

वक़्त कम्बख़्त

बदले करवट

वक़्त बेवक़्त ।

लगा गलाने

समय का सुनार
हृदय स्वर्ण।

नववर्ष

वर्ष नवीन

दुख ले जाये छीन

लाये आनन्द ।

बदला साल

बदलता ही नहीं

मन बेहाल ।

नवीन वर्ष

प्रदान करे हर्ष

सदा उत्कर्ष ।

वर्ष नवीन

हर्ष की बजे बीन

रहें प्रसन्न ।

बदला साल

नयी नयी उम्मीद
करो धमाल ।

गया विगत
कर लीजे स्वागत
है जो आगत ।

करे कमाल
समय का लुटेरा
दे नया साल ।

वर्ष बदला
नवीन आकांक्षाएं
छुएं क्षितिज ।

वर्ष नवीन
बजे सुख की बीन
विपदा क्षीण ।

भुला विगत
वर्ष है अभ्यागत
करें स्वागत ।

जश्न मनायें
दें शुभकामनायें
बदला साल ।

वफ़ा

वफ़ा निभायें
कर के मुहब्बत
न पछतायें ।

प्रेम की माला
वफाओं की मुक्ताएँ
करें धारण ।

मुहब्बत

सदा अमर
होती है मुहब्बत
यदि हो सच्ची ।

है मुहब्बत
खूबसूरत जज़्बा
मधुर भाव ।

सपने

हिना हथेली
नयनों में सपने
लिये विदाई ।

मुग्ध करते
भविष्य के सपने
अनायास ही ।

जागेंगे स्वप्न
स्वर्णिम भविष्य के
नींद जो आये ।

लगे अपने
नयन निलय में
जगे सपने ।

दिखे नवाएँ

सपनों की जमीन
करें विकास ।

मेरे साजन
सपनों में आ जाना
साथ निभाना ।

तुम्हारे स्वप्न
देख रहे नयन
बिना कारण ।

सिर्फ सपने
सदैव भरमाते
नहीं यथार्थ ।

भूले अपने
टूटे सुख सपने
मन निराश ।

प्रदूषण

वृक्षों की रक्षा
दूर हो प्रदूषण
मिले सुरक्षा ।

पीपल वृक्ष
दे रहे आक्सीजन
रैन दिवस ।

यमुना जल
करना है निर्मल
जीवन हित ।

जली पराली
दूषित हुई हवा
श्वांस दूभर ।

बनें जाग्रत

मिटाये प्रदूषण
वृक्षारोपण ।

प्यार

झुकी निगाहें
करती हैं स्वागत
आये जो स्नेही ।

अगर कभी
मिलो तुम मुझको
टूटे एकांत ।

साथ तुम्हारे
पुलकित जीवन
नष्ट अन्यथा ।

प्रेम पिपासा
कभी न टूटे आशा
मिले दिलासा ।

प्यार के बिना

कटती न जिंदगी
यार के बिना ।

शुभ सौग़ात
है चिर प्रतीक्षित
आयी बारात ।

मन सपेरा
जादू से भरी बीन
लोभ का नाग ।

प्रणय निशा
कब हो आगमन
मन उत्सुक ।

प्रेम का अर्थ
केवल समर्पण
नहीं सम्प्राप्ति ।

रात जागती
करवट बदलें
नैन उनींदे ।

मन ने लिखी
प्रणय की पत्रिका
पढ़े न कोई ।

ओस

झरती ओस
पुष्प पंखुरियों से
बिखरे मोती ।

जगमगायीं
सुमन पंखुरियाँ
ओस के मोती ।

प्रकृति निशा
रतन जवाहर
गयी बिखेर ।

घास के शीर्ष
मोती से झलकते
नीहार कण ।

पत्रों की कोर

लटकीं चारो ओर
बूंदें ओस की ।

ज़िन्दगी

जिंदगी देती
असीमित आनन्द
मान सहित ।

ये ज़िन्दगानी
हँसते मुस्कुराते
गुजर जाये ।

दिन ब दिन
गुजरती ही जाये
यह ज़िन्दगी ।

चलता रहे
जिंदगी का कारवाँ
अनवरत ।

अंधा सफर

मंजिल अनजान
जीवन पथ ।

महका वन
पुष्पित उपवन
नव जीवन ।

पितर

पितृ मनायें
प्रिय भोज्य पदार्थ
नित्य बनायें ।

पितरों हित
करते समर्पित
श्रद्धा सुमन ।

कौओं की टोली
मुंडेर पर बोली
पितृ जिमाओ ।

विविध

घोर तमिस्रा

ज्योति बन बिखरा

आत्म प्रकाश ।

ये गिलहरी

कुट कुट करती

मन लुभाती ।

दुबक गया

नन्हा सा खरगोश

झाड़ी के पीछे ।

बन्द भी करो

हमदर्दी का राग

हो धोखेबाज ।

सेवा चाहिये

वृद्ध माता पिता को
सत्पुत्र बनो ।

आँखें देखतीं
सुनहरे सपने
निर्बाध हो के ।

कर्म के बीज
हथेली पर उगे
हुए स - फल ।

गंगा है मैली
बनी पापनाशिनी
कौन है दोषी ।

ध्यान करना
गहरे उतरना
अंतर्मन में ।

रहे अतृप्त
अनुभव के बिना
स्वयं अपने ।

रहने भी दो
व्यर्थ का अहंकार
नश्वर तन ।

चरण स्पर्श
करें नित्य सहर्ष
होगा उत्कर्ष ।

अति पुनीत
नक्षत्र अभिजित
रहो विनीत ।

दर्द का गीत
नयनों से बहता
भीगा दामन ।

पीड़ा की आग
परिस्थिति की भट्ठी
रहे दहकी ।

भीख माँगते

भगवान के दर
हम भिखारी ।

साँझ सकारे
रट रहा पपीहा
पिया का नाम ।

मिटा फ़ासला
मन घट ढलका
रस छलका ।

मदिरा पात्र
झलक दिखलाती
आसन्न मृत्यु ।

भादो की तीज
तन रहा है छीज
मन सबल ।

शब्द प्रणेता
कथ्य के संग्राहक

बनाते ग्राह्य ।

किया पाखण्ड
मिल ही गया दण्ड
हुआ उद्दण्ड ।

सन्त का नाम
करते बदनाम
कर्म निकृष्ट ।

रेल हादसा
कौन है जिम्मेदार
बिछी लाशों का ।

समय चक्र
चले अनवरत
कभी न रुके ।

मालूम नहीं
मन के एहसास
रहे अजाने ।

कभी न कभी
बहुत है सुहाता
चुप रहना ।

मन लुभाता
सुन्दर परिवेश
आता नज़र ।

रहेगा साथ
एहसास जगाएं
स्वप्न सजायें ।

पारा सदृश
ढलके अश्रु बिंदु
कपोल भू पे ।

साथ रहता
सिर्फ़ अपना मन
नहीं दूसरा ।

सहज भाव

करते हैं दुराव
परायों ही से ।

ओढ़ा कम्बल
गुनगुनी सी गर्मी
सुहाने लगी ।

मरते बच्चे
ठप है ऑक्सीजन
रोते स्वजन ।

हुआ उजाला
गया अँधेरा काला
सुख निराला ।

झुकी निगाहें
करती हैं स्वागत
आये जो स्नेही ।

जागेंगे स्वप्न
स्वर्णिम भविष्य के

नींद जो आए ।

रेत बिखरी
सागर के किनारे
मोती न मिले ।

लिखते रहें
जीवन के रहस्य
अनसुलझे ।

बढ़ते रहें
आध्यात्मिक विकास
करते रहें ।

कोहरा छाया
सूरज धुन्धलाया
शीत बढ़ाया ।

न जाने कब
बदलेगी किस्मत
लायेगी सुख ।

सब सपना
जो दुख में हो साथी
वही अपना ।

मन का मीत
जीवन का संगीत
हमसफ़र ।

नयी डायरी
लिखा नाम तुम्हारा
तुम न मिले ।

खोल दो मुट्ठी
बाँट दो खुशियाँ
सारे जग में ।

प्राणों के पंछी
उड़े पंख पसार
टूटा पिंजरा ।

मृत आत्माएँ
करतीं विचलित
स्वप्न में आएँ ।

जन उद्धार
करो परोपकार
धर्म का मूल ।

जीवन सन्ध्या
हो सन्त समागम
सदाचरण ।

उम्र बीतती
करें हरिस्मरण
मृत्यु निकट ।

www.ingramcontent.com/pod-product-compliance
Lightning Source LLC
LaVergne TN
LVHW040726170726
843469LV00079B/1052